ANÉCDOTAS
RURALES

Cristina Hernández

Reservados todos los derechos. No se permite la reproducción total o parcial de esta obra, ni su incorporación a un sistema informático, ni su transmisión en cualquier forma o por cualquier medio (electrónico, mecánico, fotocopia, grabación u otros) sin autorización previa y por escrito de los titulares del copyright. La infracción de dichos derechos puede constituir un delito contra la propiedad intelectual.

El contenido de esta obra es responsabilidad del autor y no refleja necesariamente las opiniones de la casa editora. Todas las imágenes fueron proporcionadas por la autora, quien es la única responsable sobre los derechos de las mismas.

Publicado por Ibukku
www.ibukku.com
Diseño y maquetación: Índigo Estudio Gráfico
Copyright © 2020 Cristina Hernández
ISBN Paperback: 978-1-64086-525-9
ISBN eBook: 978-1-64086-526-6

ÍNDICE

La poza	7
El Llano	9
El cerro y sus misterios	13
Yaa Cuetzi	17
El Pinovete	21
El Rancho	25
La Maestra	29
A Mecapalazos	31
La caída	35
El Tecolote	39

Desde lo alto de la Sierra Oaxaqueña me tocó, desde muy pequeña, buscar el sustento diario.

Después de andar de casa en casa, una familia, aparentemente de buen corazón, se ofreció a criarme; pero nada en esta vida es gratis.

Cristina Hernández

La poza

La poza es un agujero muy profundo y ancho, escarbado con el propósito de acumular el agua que nace de las entrañas de la tierra. Este método es muy útil, especialmente en lugares sin tuberías o, en dado caso, para dar de beber a los animales del campo.

Las pozas son lugares muy importantes para abastecer las necesidades de nuestra pequeña comunidad. Existen varias alrededor y en el centro de ésta, ya que, al establecerse las primeras familias aquí, este método fue muy indispensable.

En una ocasión fuimos con mi madre y mi vecina a la poza. Había dos partes, la de arriba era para beber y la de abajo era para lavar la ropa y para saciar la sed del ganado. Mientras ellas tallaban la ropa sobre una piedras lajas que ahí se encontraban, yo me divertía tratando de atrapar los insectos que vivían en el agua.

Con alrededor de cinco años y no encontrar algo que hacer, se me ocurrió caminar sobre un morillo que estaba puesto al borde de la poza con el fin de que el agua no se saliera de control. Con la madera lógicamente húmeda, y caminando descalza sobre esta, era inevitable que cayera a la poza; afortunadamente no era profunda, y a la mano estaban mi madre y la vecina, quienes me auxiliaron de inmediato.

El Llano

El llano es un lugar plano dentro del bosque, con abundante pasto y flores silvestres; por lo general es húmedo, y a esto se debe la escases de árboles y arbustos.

El llano, además, cuenta con un arroyo de aguas cristalinas. Y en mi memoria siempre quedará el sabor de sus camotes silvestres que, cuando niños, nos encantaba ir a buscar.

Tomábamos un palito mediano, macizo, de manera que lo enterrábamos junto a la planta que ya previamente conocíamos sus características, y al presionar con fuerza se salía su planta con el camote. Corríamos al arroyo a lavarlos. Aquellas pelotitas eran como pequeñas papas, pero dulces y únicas de sabor.

En julio y agosto es la temporada de hongos y caminando, caminando, allá vamos a buscarlos con mucha precaución, ya que no todo son comestibles. También íbamos en busca de ocote, esos palitos con trementina que se obtienen de ocatales tirados y viejos, que se usan para prender el fuego más rápido. Otras veces íbamos a hacer leña para prender la fogata que nos serviría para protegernos del frío y para cocinar.

Cuando íbamos ya al atardecer, no podía faltar el canto y el aleteo del pupurrí, un pájaro pequeño de hermoso canto, que no para de ir de árbol en árbol anunciando el anochecer. Pupurrí, pupurrí, pupurrí.

En los años setentas y ochentas era más fácil abrir las trancas y cruzar la cerca que nos separa de nuestros vecinos de San Miguel del Valle, donde se encuentra este bello lugar.

Estando disfrutando del llano con mis hermanos, hicimos ruido con una bolsa de plástico, lo que llamó la atención del ganado que había alrededor, ya que estos pensaron que les daríamos sal, al igual que sus dueños acostumbraban a darles de vez en cuando para soportar las bajas temperaturas; de repente vimos que se acercaban a nosotros, venían corriendo. Nos asustamos tanto que, rápidamente, trepamos a una peña y allí permanecimos hasta que, finalmente, se dispersaron.

El cerro y sus misterios

El cerro es un lugar empedrado y alto. Dependiendo de su altura es lo que se tarda uno en llegar a la cima. Cada cerro es muy particular.

Rodeado de madroños, ocotales, encinos y demás arbustos como manzanitales, pingüicas, poléo y una innumerable vegetación como magueyes, bolas de espinas, también conocidas como cabeza de bruja.

Es una guarida para los coyotes y víboras. Antiguamente, cuando alguien mataba un coyote los vecinos se alegraban, porque esto les daba tranquilidad al saber que durante la noche dormirían a gusto, sin pensar que uno de ellos vendría a la casa a llevarse una gallina, un guajolote o hasta un cachorro.

Colgaban al coyote atado de patas y lo cargaban entre dos personas, así pasaban de casa en casa, como prueba de que, al menos por un tiempo, no vendría ningún coyote en la noche a llevarse a las aves de corral. De alegría, los cazadores danzaban con el coyote, que colgaba de un palo largo que apoyaban en sus hombros. A cambio de eso, se les daba maíz, huevo o lo que te naciera dar en agradecimiento a que podías dormir tranquilo y que los perros no hicieran escándalo. Actualmente, por respeto a estos animales, ya no se practica más esta costumbre.

No podemos olvidar que, este lugar, lo compartimos con ellos todavía, sobre todo cuando al anochecer comienzan a aullar, anunciando que es hora de salir a cazar.

Se cuenta también que, en este cerro, vive una víbora lechera. Dicen que es amarilla, y se llama así porque le gusta tomar leche materna. Comentan los lugareños que es muy astuta y va en busca de madres amamantando a sus bebés. Platican que con sus ojos hipnotiza a las señoras y les hace caer en sueño, aprovechando el momento para chuparle la leche y le pone su cola al bebé en la boca para que no llore y no despierte a su mamá.

Yaa Cuetzi

Levantando su punta en lo alto de la Sierra Oaxaqueña, en México, orgullosamente este cerro fue nombrado así por nuestros antepasados.

Nuestros ancestros siempre supieron que, el tener respeto a la naturaleza y el convivir en medio de ella, sería un pacto entre ambos para tener una vida armoniosa.

Esto siempre ha sucedido con este cerro que se levanta entre nubes, invitándote a subir hasta allá arriba para recordar ese pacto, especialmente en el día de muertos.

Mientras que el panteón se adorna con Cempazuchitl recordando a sus seres queridos.

En la cancha, ansiosos compiten los basquetbolistas; el pueblo ya prepara sus cacahuates, nueces, naranjas, jícamas para subir allá y pasar un día ameno en compañía de propios y visitantes. La música y el baile, por supuesto, no pueden faltar.

Cuando la maestra de primer grado nos comunicó que presentaríamos un baile allá en el cerro ante todo aquel público que nos honraba con su presencia.

Estaba tan emocionada que inmediatamente comencé a tejer yo misma aquel clásico traje café, tipo vaquero, con sus cintas colgando. Los ensayos fueron unos de mis momentos más felices; y ni se diga de la hora de la presentación, ya que bailaríamos ni más ni menos que "El Cerro de la Silla".

Así que allá vamos, subiendo y disfrutando del polvo.

Me encantaba bailar y, al presentarme ante el público, fue toda una emoción. Después de las presentaciones seguiría una alegre tardeada con música en aparatos de sonido.

El Pinovete

El Pinovete es un lugar que, dado a que una gran área está rodeada de pinos, recibe este nombre. Sí, esos mismos que adornamos como arbolito de Navidad.

Pues bien, de pequeña solía ir al Pinovete a pastar a las ovejas. Ese aroma a pino es inconfundible, y estar en medio de ellos es una experiencia única.

Una ocasión fui al Pinovete como de costumbre. Esta vez, además de los borregos, me encargaron cuidar de un par de burros. Ya en la tarde comenzó a lloviznar, y lo que quería era regresar a casa; entonces comencé a juntar a los borregos para comenzar el regreso, pero no podía encontrar a los burros. Eran unos asnos tan calmados que, usualmente, no caminaban tanto, sólo que los nervios me ganaron y me encaminé sólo con las ovejas, pensando que no les pasaría nada si se quedaban por la noche entre los pinos.

Estos animales no eran propios, así que la dueña, al verme de regreso sin aquel par, se puso furiosa y me mandó de regreso a buscarlos, sin importarle que ya estaba oscureciendo.

Por fortuna tenía a mi amiga Emilia, con quien a veces me juntaba en el campo para hacernos compañía. Con desesperación le rogué a su mamá que la dejara acompañarme.

Y allá nos fuimos las dos al Pinovete. Yo estaba muy asustada no sólo porque ya estaba anocheciendo, sino porque tenía miedo de no encontrarlos ya que eran de color café y se camuflajeaban fácilmente entre la maleza. Afortunadamente, y para nuestro alivio, cuando llegamos al lugar, estos mamíferos ya estaban comenzando a regresar por sí mismos.

El Rancho

El Rancho es un lugar apartado y lejos de cualquier comunidad, pueblo o villa. Esta separación se debe al clima, al extenso lugar que los cultivos y animales requieren y a la necesidad de irse a vivir allá.

La temporada de pisca de maíz había llegado, así que era hora de irse a vivir al Rancho. Comenzamos a encostalar las cargas que llevarían los caballos y yeguas: utensilios de cocina de barro y peltre, despensa, ropa, cobijas, canastos para las mazorcas. La caminata duraría dos horas. Después de este recorrido, el clima sería más caliente y cosecharíamos buen maíz.

Esto sucedía cada año por dos meses. Llegar a este Rancho en medio de montes y peñas, subirlo y bajarlo me hacía confundir mis sentimientos, porque yo no sabía, a mi corta edad, qué era lo que estaba pasando, nadie nos lo explicaba, sólo caminaba y caminaba arreando borregos y hasta los cerdos. Había que labrar una canoa a medio camino para que comieran.

En una ocasión, cuando de la milpa comenzaron a brotar los elotes, era costumbre usar los espantapájaros para evitar que, animales silvestres, acabaran con tan preciado alimento. Esto funcionaba de día, pero de noche el panorama era diferente. Animales se ponen activos para saciarse de los tiernos frutos. Para ayudar a evitar esto se acostumbraba a amarrar a un perro en medio de la milpa, para que al aullar, ahuyentara a intrusos como coyotes, zorros, tejones o puerco espines.

Aquel perrito se encontraba solito y lejos, ya que nosotros nos mudaríamos hasta que los elotes se convirtieran en mazorcas y estuvieran listos para piscar.

Una mañana, al despertar, simplemente me ordenaron llevarle de comer al canino hasta el rancho.

—¿Qué?

—Sí. Hoy no vas a ir a pastar a los borregos, hoy vas a ir al Rancho a dejarle estas tortillas al perro que allá se encuentra amarrado.

Con los pasitos de una niña, allá voy, a lo más que puedo. Todo lo que podía escuchar a mi alrededor era el murmullo espeso de los árboles. Conociendo el camino de ida y de regreso cumplí con el mandado. Desde lejos ya podía escuchar el llanto de aquel perrito amarillo que, al igual que yo, se encontraba lejos y solo, en medio de aquel inmenso monte. Enseguida le di su alimento para regresar inmediatamente al pueblo, caminado dos horas de ida y otro tanto de regreso en medio de aquel monte, aunque conocido, no deja de impresionarme como pude haber hecho semejante tarea. Con tan sólo pensar en la posibilidad de hacerlo otra vez, se me eriza la piel.

La Maestra

Hay personas que dejan huella para siempre en nuestras vidas, y los maestros son parte importante que seguramente llevaremos en nuestra memoria momentos inolvidables.

Era un 10 de mayo, acostumbrábamos a bailar, recitar y cantar para todas las madrecitas del pueblo. El evento tendría lugar en la escuela y comenzaba a las siete de la noche, para que todo el pueblo pudiera asistir.

Era mi turno de recitar mi poema. Estaba en segundo grado, la maestra me había comprado una tarjeta para dársela a mi mamá; tenía al frente rosas con brillos escarchados.

No había visto a mi mamá como desde hacía un año, y para mí aquello representaba una gran oportunidad para demostrarle mi afecto y cariño.

Pues bien, el orden del programa estaba en su apogeo, el salón de actos estaba lleno. Después de recitar mi poema en la plataforma, se suponía que tenía que salir por donde había entrado, pero al terminar me olvidé de aquel reglamento, sólo estaba disfrutando el momento y enseguida terminé, de inmediato salté a donde se encontraba la audiencia, dirigiéndome a mi mamá y abrazándola con todo mi corazón. Esto se lo debo a mi maestra que parece haber leído mis sentimientos.

Gracias maestra Irma Robles.

A Mecapalazos

Un mecapal es un lazo con una barra ancha en medio, a medida de sujetarla en la cabeza al cargar cosas pesadas sobre la espalda.

Para algunas personas, el mecapal también sirve para saciar su gusto por golpear a los más indefensos.

Los gallos comienzan a cantar muy temprano, cuando el sol comienza a levantarse, y las personas comienzan sus actividades regulares.

Mi primera responsabilidad del día era abrir el gallinero, ya que, como todas las noches, se encontraban las aves aquí para protegerlas.

Este día no iba a ser como todos los demás para mí, ya que al dirigirme al gallinero: ¡qué sorpresa! Ya estaba abierto y el guajolote no estaba, el coyote se lo había llevado en medio de la oscuridad.

La dueña estaba muy indignada, y esto no se iba a quedar así. Al notar que tan apreciada ave se había perdido, no perdió tiempo y se fue por el mecapal. Regularmente usaba vestidos y sandalias, así es que mis pies estaban al descubierto. Aquellos golpes con el mecapal eran horribles, hasta calarme los huesos mientras la señora gozaba al oír mis gritos de dolor. La fuerza de quedarme y soportar los mecapalazos eran más grandes que la de correr o defenderme a patadas. Sentía que me lo merecía porque así me lo hacían sentir.

Al pasar el tiempo aquello se repitió al encontrarme una moneda de 5 centavos en el patio de su casa e irlos a gastar en golosinas en la tiendita del pueblo.

La caída

En la escuela primaria del pueblo, "Ponciano López", había comenzado mi educación de la manera más maravillosa que un niño pueda experimentar; tenía cariño y lo necesario para asistir a clases diariamente. Era una niñez feliz. Lamentablemente duró muy poco ya que, por razones del destino, me separé de mis padres y crecí con otros adultos que me prometían cuidados y cariño, pero como suele suceder, esas promesas se esfumaron y después de tratarme como reina por, alrededor de dos años, pasé a ser un bicho raro.

La música de Cri-Cri anunciaba acercarse al plantel 8:30 y 2:30 Así fue como comencé la primaria con bomba y platillo, y por un rato me sentí la niña más feliz del mundo. Era de esperarse que sin apoyo y cariño lo terminaría todo desdichada y con la suerte adversa.

Esto se reflejaba muy bien hacia mis compañeros de clase, quienes al verme desprotegida, no faltó quienes aprovecharan el momento para dar rienda suelta a su maldad.

Estaba por culminar a panzazos el sexto grado, necesitaba mis documentos en orden, así que me faltaba un documento, y tenía que ir a recogerlo al municipio del pueblo. El camino de la escuela a la agencia municipal me tomaría como diez minutos. Salí del salón, crucé la cancha escolar, en eso se me acercan dos compañeras, Aurora y Judith; mi inocencia me hizo pensar que contaría con dos amigas para acompañarnos, ya que ellas iban a lo mismo. En eso, una de ellas me sujeta para no avanzar, mientras que la otra se echaba a correr, no sin antes decirle: "cuando llegue a la esquina la sueltas y te echas a correr, para que no nos alcance". Y así lo hicieron. Enseguida de que Judith me soltó se echó a correr, y en mi angustia por alcanzarlas y no ir sola ante las autoridades, me eché a correr para alcanzarlas; en eso me tropiezo con una piedra y caigo, abriéndose de inmediato mi rodilla. Esta era la segunda vez que me caía en el mismo día. Esto sucedió alrededor de las cuatro de la tarde. Como a las tres de la tarde me había caído en el camino empedrado hacia la escuela; entrábamos por segundo turno a las 3 de la tarde. Yo estaba bajo las amenazas constantes de mi tutora y no podía salir a tiempo para llegar puntual al salón. Ella me dejaba salir en punto de la hora de entrada, esto lo hacía para quitarme el derecho de jugar y compartir con mis compañeros. Así es que, bajo la presión de no ser regañada por mi maestra, me eché a correr, ya que tenía que caminar como cuatro cuadras. Al llegar a la cuarta cuadra me caigo y me raspo la rodilla, me levanto y camino al salón. La marcha zacatecana anunciaba enfilarse y marchar.

La segunda caída me asustó, ya que al ver mi rodilla abierta, roja por la sangre y lo blanco del hueso, no sabía qué hacer. En eso vinieron otras dos compañeras, Violeta y Aldegunda, quienes me llevaron a la clínica local y posteriormente a donde vivía.

Lamentablemente quien se supone estaba ahí para protegerme y cuidarme ignoró lo sucedido, y con voz autoritaria ordenó que yo siguiera con mis quehaceres.

El Tecolote

También conocido como el búho. Muchas personas creen que su canto trae malas noticias, ya que este es triste, y aunque su canto no es muy alegre, sus características son propias al igual que las de cualquier otro animal.

Algo parecido nos sucedió a mi familia y a mí. Estando durmiendo a altas horas de la noche, un ruido nos despertó: "jujú, jujú" cantaba sin parar en lo alto de un árbol. "Jujú, jujú", otra vez y varias veces más. Mientras el tecolote cantaba, los perros aullaban y los niños lloraban, de repente el tecolote se detuvo, dejó de cantar y nosotros seguimos durmiendo.

A la mañana siguiente nos enteramos de que nuestra vecina Chana había fallecido. Y aunque vivíamos en la Sierra, el tecolote no canta todas las noches.

www.ingramcontent.com/pod-product-compliance
Lightning Source LLC
LaVergne TN
LVHW021742060526
838200LV00052B/3430